L'ARCHÉOLOGIE
CHAMPENOISE

A

L'EXPOSITION UNIVERSELLE

DE

1878

PARIS

LIBRAIRIE DE H. MENU

ÉDITEUR DE LA REVUE DE CHAMPAGNE ET DE BRIE

30, rue Jacob, 30

L'ARCHÉOLOGIE

CHAMPENOISE

A

L'EXPOSITION UNIVERSELLE

DE

1878

PARIS

LIBRAIRIE DE H. MENU

ÉDITEUR DE LA REVUE DE CHAMPAGNE ET DE BRIE

7, quai Malaquais, 7

Extrait de la Revue de Champagne et de Brie

L'ARCHÉOLOGIE CHAMPENOISE
A L'EXPOSITION UNIVERSELLE DE 1878

Après de longs délais, des inaugurations partielles, les galeries de l'Art ancien au Trocadéro ont fini cependant par être livrées au public.

Le style hybride du Palais soulève des critiques d'autant mieux justifiées qu'il ne s'agit pas d'une construction transitoire. Vu à une certaine distance, le monument, avec sa rotonde centrale écrasée dont la masse rend encore plus grèles les colonnes de l'hémicycle, répond assez mal à l'effet qu'on devait attendre de l'emplacement unique sur lequel il s'élève En un mot, l'aspect extérieur est peu satisfaisant; que dire de l'aspect intérieur? Il était difficile d'imaginer une disposition moins favorable à une exposition d'art que cette interminable galerie circulaire, à laquelle une maigre charpente en fer apparent donne la physionomie d'une hall de chemin de fer.

Disons vite que pour être médiocrement logée, l'exposition n'en est pas moins splendide, et que les richesses artistiques qui y sont accumulées constituent un ensemble sans précédents.

Pour rechercher, sans sortir du cadre qui limitera cette revue, la part que les collectionneurs de la Champagne et de la Brie ont prise à l'Exposition universelle, art ancien, nous devons faire une première excursion hors du Trocadéro et nous diriger vers l'exposition des sciences anthropologiques.

Exilée de la rotonde, où ses étalages de crânes et de pièces anatomiques eussent fait une agréable diversion aux collections d'art, cette exposition des sciences anthropologiques a trouvé un asile dans un « *Palais qu'il était juste que le XIXᵉ siècle élevât à la science moderne.* » C'est ainsi, qu'au milieu d'autres hyperboles, s'exprimait une Revue dévouée à l'œuvre.

Le Palais se réduit à un grand hangar en planches, qu'il faut chercher sur le quai de Billy, en dehors du jardin auquel il est relié par une passerelle jetée sur une voie publique. Le caractère *anthropologique* de l'exposition s'affirme tout d'abord par une nombreuse exhibition de singes empaillés ou squelettes, aux attitudes variées se rapprochant naturellement le plus possible de celles de l'homme. Cette démonstration de bon goût ne flattera peut-être pas certaines gens qui hésitent encore sur leur filiation simienne. Aussi n'est-ce qu'à titre d'indication topographique que nous la signalons aux visiteurs en quête du dit Palais.

Le programme, fort élastique du reste, des sciences anthropologiques, comprend une section d'archéologie représentée d'une façon remarquable, nous le reconnaissons, par une suite de vitrines qui occupent tout un côté du bâtiment. La dénomination d'archéologie préhistorique est-elle de tous points exacte ? L'exposition débute, il est vrai, par ces silex tertiaires qu'on ne prend plus au sérieux, en dépit du *Dryopithécus* et de l'invention du *précurseur de l'homme ;* l'âge de la pierre paléolithique y compte de nombreuses collections, citer pour les cavernes la collection Massénat, c'est tout dire ; la pierre polie, l'industrie des dolmens ne manquent pas de cartons bien garnis. Mais quant au prétendu âge du bronze que cette exposition tend sans doute à affirmer, nous maintenons que l'attribution *préhistorique* est contestable. En ce qui concerne les antiquités sortis de milieux Gaulois, Romains et à plus forte raison Francs, nous avions jusqu'ici présumé qu'elles n'étaient pas étrangères à l'Histoire. On nous objectera que, d'après les doctrines de l'Ecole, une certaine époque Wabennienne, à la suite de plusieurs autres, rentre encore dans ce qu'elle appelle l'âge du fer ; nous demanderons seulement pourquoi arrêter cet âge en si beau chemin ?

Organisée sous une inspiration que nous n'avons pas à rechercher, il n'échappera à personne que cette exhibition archéologique constituait une concurrence intentionnelle et regrettable à l'Exposition de l'Histoire de l'Art ancien au Trocadéro. On a laissé entendre que la commission officielle avait eu l'idée d'exclure de cette histoire son premier chapitre : l'âge de la pierre. Les magnifiques collections de M. E. d'Acy pour les alluvions quaternaires, de feu M. le marquis de Vibray, de M. Ed. Piette pour les cavernes, du Dr Gross pour les lacustres, celles moins importantes, mais non moins intéressantes, de MM. Chapelain Duparc, Reboux et autres font justice de cette insinuation.

Soit que l'Archéologie générale, si merveilleusement représentée au Trocadéro, ne leur ait pas paru suffisamment anthropologique? soit peut-être par suite de méprises, quelques collectionneurs de la Marne et de l'Aube se sont réfugiés sur l'Aventin.

Leur petit nombre nous suggère une réflexion rétrospective qu'apprécieront nos lecteurs. Lors de l'exposition de Reims, en 1876, on a prétendu que, devant certaine influence cléricale, les exposants de l'âge de la pierre s'étaient en partie abstenus. Nous avons répondu alors dans la *Revue de Champagne*. Quelle meilleure occasion s'offrait aujourd'hui de prouver par de plus nombreux adhérents recrutés dans la Champagne, et les invitations n'ont pas fait défaut, qu'on n'avait pas propagé gratuitement une petite calomnie? Or, qu'aurons-nous à citer? cinq noms seulement, qui presque tous figuraient à Reims dans la chapelle de l'Archevêché.

En tête, nous mentionnerons d'abord M. Auguste Nicaise. Cet exposant a compris que, si à Reims un tableau général de l'âge de la pierre était fort instructif, ce tableau n'avait pas sa raison d'être à Paris ; aussi a-t-il fait dans son importante collection un choix judicieux des spécimens particuliers à la Champagne.

L'époque paléolithique est caractérisée dans sa vitrine par des instruments en silex du type de Saint-Acheul, provenant de la forêt d'Othe. Ajoutons que M. Nicaise a reconnu dans la Marne la présence de quatre variétés de mamouths, ainsi que celle du rhinocéros représenté, il est vrai, par une seule molaire ; celle du renne ressortirait de la trouvaille sur les confins du départemant, à Bourg, dans l'Aisne, d'un andouiller ayant servi d'instrument, à moins que ce ne soit un bois de cerf ?

La station de Saint-Martin-sur-le-Pré, aux portes de Châlons, dans laquelle cet archéologue n'a recueilli qu'un seul instrument en pierre polie, au milieu de silex taillés associés à des fragments de poterie grossière, lui semble cependant indiquer le passage entre les deux époques de l'âge de la pierre. Les instruments et les ossements extraits des puits funéraires de Tours – sur – Marne, fouillés par M. Cuqu, caractérisent à côté l'époque néolithique. On remarquera également une hâche emmanchée trouvée telle quelle dans la grotte de Saran. Enfin une bonne série de hâches polies, mais provenant en partie de l'Yonne.

Sous la rubrique : « âge de bronze, » un rayon exhibe quelques antiquités en métal, hâches à ailerons, petits coins à douille annulaire, bracelets, épingles, etc., avec lieux d'origine, Chatillon, Châlons, Orquigny, Vitry. Valeur des types, conditions des trouvailles, autant de réserves à faire avant de déduire de ces objets la présomption d'un âge du bronze en Champagne.

Cette thèse de la succession des phases préhistoriques dans la contrée a été soutenue, nous le savons, par un archéologue distingué de cette province. Nous regrettons d'autant plus son absence à l'Exposition universelle, que nous eussions été curieux de connaître, par les fragments de poteries qu'il a recueillis à Barbonne, les caractères de la céramique de l'âge du bronze que nous avons vainement cherchés en France. La collection de M. J. de Baye, si complète par les explorations des grottes néolithiques de la vallée du Petit-Morin eut fait grand honneur à l'archéologie champenoise. La concurrence suscitée à l'Exposition officielle est-elle bien étrangère à l'abstention de cet antiquaire, et à celle d'autres de ses confrères, qui doublement sollicités, ont fini, pour ne mécontenter personne, par rester à l'écart ?

Nous formulerons les mêmes regrets à l'égard des collections de MM. A. Werlé et E. de Barthélemy.

Inutile de nous arrêter plus longtemps devant la vitrine de M. A. Nicaise ; les quelques objets Mérovingiens qu'elle contient donnent une médiocre idée d'un art qui au Trocadéro compte nombre d'échantillons très-remarquables.

La collection bien connue de M. Morel de Châlons est certes assez riche pour que son propriétaire ait pu en distraire quelques bribes en faveur de l'exposition du quai de Billy ; cela n'en constitue pas moins un double emploi dans lequel nous ne le suivrons pas. Nous ne voyons pas en effet en quoi les poteries Gauloises, Gallo-Romaines et Franques de sa petite vitrine d'en bas se rattachent plus étroitement à l'anthropologie que toutes celles qui garnissent ses belles vitrines du Trocadéro : est-ce parce qu'elles sont d'un choix très-inférieur?

En revanche les crânes qui décorent les vitrines de M. Morel, et qui ne font pas non plus défaut dans celle de M. Nicaise, sont tout à fait en leur lieu. Espérons qu'ils solliciteront l'attention de quelque savant craniologiste de la Société d'Anthropologie. Nous nous étonnons que les restes humains exhumés si communément du sol de la Champagne n'aient point encore fait l'objet d'un travail d'ensemble, complet, comparatif, auquel des observations isolées ne sauraient suppléer. Les matériaux ne manquent pas pour déterminer avec précision les caractères anatomiques de la population Gauloise dont les cimetières de la Marne ont conservé les ossements. L'historien, auquel l'archéologie a déjà ouvert une nouvelle voie, doit s'aider encore de l'anthropologie, pour remonter aux origines, suivre les migrations de la race Galatique qui, à une époque déjà entrevue, a étendu sa domination sur l'antique race Celtique.

M. Morel met en montre un certain nombre de cartons sur lesquels sont fixés des spécimens de l'âge de la pierre dans la Marne et l'Aube, les inévitables hâches polies en roches diverses, les couteaux, grattoirs, pointes, etc., en silex. Sur deux autres cartons figurent des instruments de toute autre origine, du Danemarck et même de l'Amérique. Sur un dernier sont attachés des objets en bronze de Tours-sur-Marne, de Pleurs, de Suippes : celts à ailerons, faucille, une longue épingle, une très-grosse fibule, des anneaux et un bracelet en fer.

Nous retrouverons tout à l'heure la véritable collection de M. Morel ; quant à présent l'échantillon qu'il en a donné à l'exposition anthropologique ne fait guère honneur qu'à ses sentiments de conciliation.

Nous avons plusieurs fois cité parmi les provenances les puits funéraires de Tours-sur-Marne, qui sont, à notre avis, postérieurs à l'époque néolithique, puisqu'on y a trouvé du brouze, si peu que ce soit. Ces sépultures ont été explorées par divers archéologues ; mais, par le fait, le mérite des premières fouilles régulières appartient à M. Armand Cuqu qui en a exposé les produits.

Nous avons remarqué sur ses cartons diverses hâches polies en silex cacholoné blanchâtre, dont une encore fixée dans un reste d'emmanchure, trois belles lames et quantité de ces petits silex en forme de tranchets, qu'on suppose avoir armé des flèches, dites à tranchant transversal. Enfin un crâne portant sur le sommet une perforation dont les bords sont usés en biseau, plus, deux rondelles crâniennes percées chacune de deux trous.

Nous avons, nous l'avouons, fait longtemps profession de scepticisme au sujet de la trépanation préhistorique, pratique qui semblerait s'être continuée jusque dans les époques histo-

riques ; mais aujonrd'hui, crânes perforés et annulettes crâniennes se sont assez multipliés pour qu'on se range à l'opi-
nion si savamment exposée au congrès de Pesthe par le pro-
fesseur Broca.

La direction du Musée de Troyes a probablement supposé,
comme d'autres exposants, que l'Art ancien ne débutait pas
au Trocadéro par l'âge de la pierre, car il est assez singulier
qu'un établissement public n'ait pas adressé la totalité de ses
envois à la Commission officielle. Ce Musée partage avec
M. et Mme Gustave Huot une vitrine fort intéressante par des
spécimens nombreux et absolument locaux.

La contrée d'Othe (Aube) a fourni le contingent le plus
important, tant pour l'époque Paléolithique que pour la sui-
vante ; sept cartons sont garnis de hâches du type de Saint-
Acheul. D'autres cartons montrent, avec les restes de la faune
quaternaire, les instruments en pierre recueillis dans les graviers des hauts niveaux de la Seine, dans le tuf calcaire de la
Saulsote et dans la grotte de Balot.

Pour l'époque néolithique la contrée d'Othe a donné un
assortiment de jolies lames en silex translucide, de tranchets
et perçoirs, de flèches en amande et à ailerons, sans compter
les hâches terminées ou ébauchées rappelant par leur aspect
les silex du gisement si connu de Spiennes en Belgique, et des
pointes reproduisant la forme et la taille du Moustier. Nous
retrouvons encore ce dernier type d'instruments dans la station de Magnant Lardigny avec des fragments de poterie grossière. Parmi les autres stations indiquées sur les nombreux
cartons du Musée de Troyes, nous citerons l'allée couverte de
Fécul et le dolmen de la forêt de Marsois. Cinq crânes plus
ou moins dolicocéphales représentent la population néolithique
de l'Aube.

Enfin, en dehors de la vitrine, deux grands polissoirs en
grès, trouvés à Villadin (Aube), d'environ 1 mètre carré, l'un
portant 8 rainures profondes, l'autre 11.

L'exposition de M. et Mme Huot dans la même armoire
comprend une vingtaine de cartons : graviers du diluvium de
Saint-Julien près Troyès, hâche trapézoïde remarquable,
0,10 cent. sur 0,06 en silex cacholoné blanchâtre, une belle
molaire de mamouth ; station de la Planche, hâches polies,
grattoirs finement retaillés, pointes de flèches à aileron ; atelier du bois Marot, hâches en silex gris, nucleus, pointes taille
du Moustier.

La Marne et l'Aube formant plus particulièrement le territoire de l'ancienne Champagne, nous passerons brièvement sur les départements limitrophes sur lesquels elle étendait en partie ses limites. Nous éviterons ainsi de retomber dans les redites fastidieuses qui sont un des moindres défauts de l'âge de la pierre.

Aisne. M. Wattelet de Soissons : station en plein air de Cœuvre, alluvions quaternaires du Soissonnais, camps retranchés préhistoriques (?) de la même région. Société Archéologique de Vervins, station de Chevennes et autres localités ; à citer une pièce exceptionnelle, hâche polie en silex, patine blanche, de 30 centimètres de long. M. Harant, instruments néolithiques des environs de Château-Thierry. M. Pilloy, silex paléolithiques d'Hargincourt, néolithiques de Ribemont. M. Lecocq, station d'Itancourt. — Yonne. Le Musée d'Auxerre, M. Cotteau de cette ville, MM. Bertin et Duret pour Joigny ont fait des envois qui doivent figurer encore à l'actif de l'ancienne Champagne. Quant à la Brie, nous ne voyons guère que M. Chouquet et M. Doigneau en Seine-et-Marne ; aussi bien la région d'où sont sortis les instruments en pierre et les crânes perforés, environs de Montereau pour le premier, Nemours pour le second, n'appartient pas à la Brie champenoise.

Nous voici enfin quitte avec les collectionneurs qui, pour une raison ou une autre, ont jugé bon de se reléguer dans le bâtiment peu fréquenté du quai de Billy. Cette exposition des sciences anthropologiques nous a retenu plus que nous n'eussions dû, relativement à tout ce qu'il nous reste à passer en revue, mais nous n'avons pas voulu paraître en méconnaître l'importance et nous tenions à en faire ressortir le caractère.

Le Palais du Trocadéro offre au public un spectacle d'un tout autre intérêt. La foule se presse dans ses galeries, où l'esprit recueille des enseignements d'un ordre au moins aussi élevé, tandis que l'œil est constamment captivé par la variété, la beauté et la rareté des objets exposés.

On pénètre dans la galerie de l'Art ancien par un grand vestibule au rez-de-chaussée du pavillon qui termine l'hémicycle, à droite dans le jardin. Dans cette salle sont dressés des stèles funéraires, des autels votifs, des inscriptions lapidaires, ayant tous trait à des sujets Gaulois. Un des plus curieux monuments appartient au Musée de Reims, il est bien connu, quoique le mythe qu'il représente n'ait pas encore été pénétré dans toute sa signification complexe. Il s'agit d'un bas-relief en pierre montrant, comme sur l'autel des Nautes de Paris, l'association d'une divinité Gauloise aux Dieux Romains. Dans un édicule surmonté d'un fronton, au milieu duquel on voit un petit quadrupède d'espèce assez incertaine, se tient assis, sans doute sur un autel, un personnage demi nu , les jambes croisées à la façon orientale ; tête barbue armée de deux cornes, au cou un lourd torques ouvert. Il tient une sorte de bourse d'où s'échappe une guirlande, qu'au bas deux animaux, un cerf et un bœuf, paraissent brouter. De chaque côté se montrent debout un Apollon Citharède et un Mercure. Au premier abord on peut supposer dans ce sujet une triade Gauloise subissant déjà l'envahissement du paganisme officiel des dominateurs.

Cette représentation est certainement en corrélation avec de curieuses petites cippes trycéphales envoyées par M. Duquesnel de Reims. L'une est un cube rond d'environ 25 centimètres de haut, sur les faces duquel sont sculptées trois têtes barbues couronnées de rosaces ; les autres, carrées, montrent sur un côté une tête de face accostée de deux autres têtes de profil. On remarque aussi sur ces cippes le couteau de sacrifice et la tête de bélier communs sur les monuments Romains : n'indiquent-ils pas l'introduction de rites nouveaux dans le culte national ?

Un large escalier conduit de ce vestibule à la grande galerie. Après l'avoir monté, il est nécessaire de faire un retour pour visiter d'abord la première salle dans le pavillon au-dessus du rez-de-chaussée.

Nous rencontrons dans cette salle ces belles collections de l'âge de la pierre auxquelles nous avons déjà fait allusion, et qui n'ont pas eu besoin de forcer les portes, attendu qu'elles les ont trouvées grandes ouvertes. Une d'elles attire entre toutes l'attention des visiteurs, et son possesseur M. E. Piette de Craonne doit figurer au premier rang parmi les archéologues Champenois. Nous laisserons de côté l'énumération monotone des instruments en pierre qu'il a ramassés dans ses explorations des grottes de Gourdan, d'Arudit, de Lortet et dans la chaîne des Pyrénées, pour nous en tenir aux gravures sur bois de renne, sur os, sur pierres qu'il y a recueillies.

La découverte d'un Art des cavernes, d'abord dans le Périgord, puis dans les Pyrénées et enfin dans la Suisse, est certainement un des résultats les plus inatendus et les plus intéressants des recherches préhistoriques. Les représentations sur os d'animaux de diverses espèces, faites au trait, en léger relief, ou sculptées en ronde bosse, et exécutées à l'aide de burins ou de ciseaux en silex, n'apparaissent pas comme des essais maladroits ou naïfs ou des tâtonnements d'un art qui débute. Toutes ne sont pas également réussies, certaines sont à peine ébauchées, mais prises dans leur ensemble, elles montrent un sentiment très vrai, très juste, de la nature et des qualités de faire incontestables. C'est précisément parce qu'on ne peut pas suivre la progression de cet art, que nous lui refusons ce caractère de généralité qui aurait pu autoriser jusqu'à un certain point l'expression emphatique de *Belle civilisation du Renne*, par laquelle des préhistoriens enthousiastes désignent l'époque qui a vu éclore ces œuvres. Elles sont pour nous le simple témoignage d'aptitudes individuelles et exceptionnelles, que nous ne saurions mieux comparer qu'à l'habileté et à la vérité avec laquelle, dans les sollitudes des Alpes, des pâtres sculptent, sans aucune notion du dessin, les figures des animaux qu'ils ont constamment sous les yeux.

Parmi les animaux reproduits communément chèvre, bœuf, cheval et renne, ce dernier est celui qui a exercé le plus fréquemment le talent des artistes primitifs. L'expression des têtes, le naturel des mouvements, l'exactitude de la structure ne sauraient être poussés plus loin ; cette fidélité d'observation indique un modèle bien familier et peut accentuer le doute émis sur l'état sauvage du renne à l'époque des cavernes.

Nous avons particulièrement remarqué un andouiller sur lequel des figures de rennes, d'une précision et d'une sureté de traits étonnantes, sont enchevêtrées les unes dans les autres parmi des poissons d'un réalisme saisissant. Cette confusion, fréquente dans ces reproductions, montre bien que leurs auteurs n'obéïssaient qu'à leur heureux instinct sans aucun souci de leur œuvre. Nous citerons encore un bœuf sur plaque d'os, charmant petit dessin, des bouquetins, un saïga, un cheval d'une vérité frappante.

On connait cinq à six représentations humaines, M. Piette en possède deux. Elles sont tellement inférieures aux représentations animales, qu'on pourrait se demander si elles sont sorties des mêmes mains; ce qui n'est cependant pas douteux, puisque personnage et bête sont réunis sur la même pièce, comme la femme enceinte et un renne, collection Piette, et la fameuse chasse à l'auroch, collection Massénat.

A propos de cette dernière collection, si riche en bois de

renne travaillés, elle eut certes gagné à être placée au Trocadéro à côté de celle dont nous venons de parler. Elle eut donné matière à une comparaison intéressante entre la gravure si nette et si fine des artistes préhistoriques des Pyrénées et le procédé suivi par ceux de la Dordogne, procédé qui tient à la fois de la gravure et de la sculpture par le léger relief des contours.

Indépendamment des figures d'animaux, les vitrines de M. E. Piette renferment d'autres dessins sur pierre schisteuse en général très frustes ; un assortiment complet de poinçons, de harpons barbelés, de pointes de flèches, d'aiguilles à chas, en corne de renne et de cerf et en os.

Pour clore les exhibitions des âges de la pierre, nous mentionnerons en dernier lieu celle de M. Amédé des Cars ; fouilles de la grotte sépulcrale de Bovillon (Aisne). Sur ses cartons nous avons remarqué de belles lames en silex, dont une d'environ 20 centimètres et des douilles en bois de cerf à trou transversal pour emmanchure de hâches en pierre.

Assez peu partisan du système de généralisation de l'Ecole, nous ne sommes pas absolument convaincu que la Gaule, où s'était épanouie la *Belle civilisation du renne*, ait vu aussi fleurir chez elle, après la pierre polie, le *Bel âge du bronze préhistorique?* A notre avis, l'introduction des métaux inaugure chez nous l'ère historique. Ses débuts, nous en convenons, plongent dans des ténèbres profondes, mais des textes, dont on affecte de faire fi, et qui remontent à une haute antiquité, projettent des lueurs dans ces ténèbres. Ne nous eussent-ils, du reste, que conservé le nom du peuple qui habitait la Gaule aux temps les plus reculés, que ce souvenir écrit suffirait pour soustraire peuple et temps aux conventions préhistoriques. Quatre siècles avant notre ère, le nom des Celtes était connu des Grecs ; des récits légendaires en reportaient l'existence bien au-delà de cette époque, on saisit même déjà quelques faits qui ont une valeur chronologique. Que ces Celtes connussent le fer, c'est probable ; mais en tout cas, le bronze, en raison de sa ductilité propre au moulage et de sa malléabilité, ayant été pendant des temps plus ou moins longs le métal employé presqu'uniquement pour la fabrication des armes, ustensiles et bijoux, nous ne voyons aucune raison pour ne pas attribuer à ces Celtes de l'histoire l'usage des objets en bronze dont on fait chez nous l'unique caractéristique d'un âge de ce nom.

C'est donc par l'examen des antiquités de cette première

époque celtique que nous allons continuer notre revue. Sans parler des pièces trouvées isolement, les gisements plus significatifs se sont très rarement rencontrés en Champagne. M. Morel reporte à l'âge du bronze (?) des hâches à ailerons, des coins à douille, un couteau, une faucille, une lame d'épée, bronzes sortis d'une sépulture, sans mélange de fer, de Courtavant (Aube), lesquels figurent dans une de ses armoires. Une petite vitrine du Musée de Troyes montre, au milieu de plusieurs objets en bronze, un cubitus et un radius passés dans trois bracelets ; l'un une simple tige, l'autre plat et dentelé et le dernier creux et à grosses côtes, provenance Droupt-Saint-Basle.

Un antiquaire distingué, M. Julien Gréau, dont le nom va revenir souvent sous notre plume, a exposé dans cette salle une série d'épées en bronze, parmi lesquelles la belle épée d'Aurignac à poignée pleine, longue de 80 centimètres ; un poignard à soie plate munie de ses rivets, ainsi que des haches des différents types, des rouelles et des anneaux à côtes, en grande partie trouvés dans la Seine.

Pour ne pas interrompre l'ordre chronologique de notre revue, nous quitterons M. Julien Gréau que nous retrouverons avec d'autres bronzes dans le même pavillon, et nous aborderons de suite les antiquités gauloises.

Il va sans dire que si nous hésitons sur l'existence d'un âge du bronze en Gaule, nous admettons encore bien moins un âge du fer préhistorique. Nous faisons suivre l'époque Celtique par l'époque Gauloise, non pas parce que le fer se montre couramment dans les sépultures, mais parce que le nom de Galates et de Gaulois ne fait son apparition dans l'histoire que postérieurement à celui de Celtes. L'érudition moderne semble d'accord aujourd'hui pour reconnaître l'introduction en Gaule, à des dates indéterminées, de nouveaux éléments ethniques, et c'est à la Champagne surtout que nous en devons la révélation archéologique. Sous la pioche d'intelligents pionniers, toute une population, on peut le dire, admirablement caractérisée par le mobilier funéraire qui enrichit notamment le Musée de Saint-Germain, est sortie des nombreux cimetières gaulois de la Marne, de l'Aube et de l'Aisne. Cet élément nouveau, dont on trouve des traces sur des points éloignés du territoire, n'a pu absorber l'élément ancien, ainsi que le prouve une phrase des Commentaires qui ne saurait se prêter à l'ambiguité ; dans quelles proportions l'a-t-il pénétré, c'est ce que l'archéologie nous dira peut-être un jour ?

M. Alexandre Bertrand a défini avec autant de vraisemblance qu'on peut en apporter dans des études aussi ardues, l'état des populations guerrières dont le sol de la Champagne nous rend les dépouilles. Leur rôle historique est évidemment postérieur à la période Celtique, ce qui n'établit aucunement qu'elles aient importé ou simplement généralisé la métallurgie du fer en Gaule.

Cette digression ne nous a pas paru superflue au moment de parler des cimetières de la Marne, parce qu'un Paléoethnologue fort en crédit a, d'après leur contenu, donné le nom d'époque Marnienne à une des divisions de son âge du fer gaulois ; ce qui, avec d'autres dénominations aussi peu justifiées, constitue ce que nous nous sommes permis d'appeler des conventions préhistoriques.

L'Exposition des antiquités gauloises de la Champagne est fort remarquable ; elle a, à nos yeux, cet avantage sur d'autres représentant un art bien supérieur, qu'elle est absolument nationale, ne comportant que des antiquités extraites de notre sol. M. Morel, de Châlons, occupe comme d'habitude le premier rang : il a envoyé au Trocadéro ses grandes armoires qui figuraient à l'Exposition de Reims ; nous les retrouvons encore plus garnies, trop garnies même. Placées à contre jour, l'examen n'en est pas bien facile, d'autant plus que les rayons ne sont pas assez espacés, qu'il y a profusion et que les objets manquent d'air. Cette observation ne s'adresse pas seulement à l'auteur de la belle publication « la Champagne souterraine, » nous eussions aimé à voir bien des exposants se résoudre à faire un choix plus sévère dans leurs richesses ; l'attention moins distraite se serait attachée avec plus de profit aux pièces de valeur.

Sur les rayons supérieurs de ces armoires, une série de poteries offre, sous des aspects variés, l'ensemble d'une céramique très caractéristique de l'époque gauloise. Nombre de vases ne montrent sans doute que des formes vulgaires, grossières même, qui ne sont pas étrangères aux temps antérieurs et qui se produisent dans tous les temps, mais que de types originaux ? Entre tous, ces vases à carène, profilés en cône renversé dont les parois, repliées en dedans sur elle-même par un ressaut accentué, sont surmontées d'une haute et large embouchure évasée. Cette forme, très usitée, devient par des modifications dans ses diverses parties le principe de quantité de poteries, depuis les grands vaisseaux de plus de 0,30^e de haut jusqu'aux petits gobelets à boire. Et le type ovoïde dont le galbe est si pur, et celui en forme de hanap, et l'élégante jatte montée sur pied moulé du cimetière de Marson ? Le ton de ces poteries va du gris foncé au noir lustré, quelques-unes ont reçu un enduit rougeâtre, c'est le plus petit nombre : nous signalerons parmi ces dernières une grande olla de forme ovoïde, à pied, d'environ 0,40ᶜ de haut. Ces poteries sont en partie faites au tour et n'ont toutes éprouvé qu'un faible feu de cuisson. Les plus soignées sont décorées, non sans goût, de stries gravées dans les quelles a été parfois introduite une substance blanchâtre pour faire ressortir l'ornementation sur le fond noir. Ces stries forment des lignes circulaires, des chevrons, des losanges, des grecques, très - rarement des méandres.

Nous ne pouvons nous étendre davantage sur la partie céramique de la belle exposition de M. Morel, ce que nous venons d'en dire suffit pour en faire comprendre l'intérêt ; nous ajouterons seulement que nous ne sommes pas d'accord avec lui sur l'influence de l'art étrusque qu'il reconnaît sur deux vases apodes et dans la jatte de Marson.

Les autres rayons des armoires sont couverts de reliques d'un tout autre ordre que nous ne pouvons qu'énumérer rapidement ; elles complétaient avec les poteries le mobilier funéraire déposé dans les tombes de la Marne. Armes et ustensiles en fer : épées à pointe aiguë, larges ; longueur moyenne 0,70ᶜ sans la soie, par conséquent moins grande que l'épée du type de Halstatt. Un archéologue éminent voit dans cette arme l'épée ibérique adoptée par les Gaulois dans les guerres puniques. Plusieurs de ces épées reposent dans leur fourreau en fer terminé par une sorte de bouterolle travaillée à jour. Poignards, fers de lance à douille en forme de feuilles de saule, pointes de flèche, couteaux, ciseaux dits forces, umbos de boucliers, etc. — Objets de parure : Paire de boucles d'oreille en or, minces disques échancrés et décorés de deux rangs de grenetis, pareille bijou en bronze ; nombreux torques et armilles, colliers et bracelets de femmes et d'enfants, ces ornements communément en bronze, sont fermés ou ouverts, dans ce dernier cas les tiges sont terminées par des renflements successifs d'un joli effet. Ces tiges sont creuses ou pleines, parfois contournées en torsade, elles sont unies, ou ciselées, ou gravées, quelques-unes cotelées. Les torques et bracelets sont quelquefois très-lourds, on en a trouvé en fer ; la collection de ces parures dont les guerriers gaulois aimaient à se charger nous disent les textes anciens, mérite à ce titre de fixer l'attention. Aussi signalerons-nous un type particulier de torques en bronze : un orbe formé d'une tige ronde fermée sur laquelle sont fixés trois ornements également espacés, composés d'un anneau chargé de trois boutons ; le tout est - il fondu d'un seul jet ou y a-t-il soudure? On remarquera également des bracelets ronds en verre, quelques-uns ont été dorés. Des perles de cette matière servaient avec des perles en ambre à former des colliers. Les objets de parure comprennent encore les fibules en bronze à ressort ou à boudin ; deux d'entr'elles sont réunies par une chaînette, d'autres sont en fer; des boutons, des attaches, quantité d'anneaux et de pièces dont l'étude, ne serait-ce qu'au point de vue de la fabrication, est très-curieuse. Ainsi certains ornements montrent encastrée dans le bronze une matière blanchâtre qui n'est autre que du corail décoloré.

M. Morel a réuni dans une montre isolée tout le contenu de la sépulture de Somme-Bionne, une des plus riches et des plus intéressantes qui ait été découverte dans la Marne. C'était une de ces tombes dans lesquelles le défunt était inhumé étendu sur son char de combat. Le crâne seul du squelette a été mis sous les yeux du public ; il est accompagné d'une épée en fer renfermée dans un fourreau dont une des faces est en bronze, l'autre face en fer, d'un couteau en fer, de tiges de fer que M. Morel suppose être des armes de jet. La présence dans la fosse d'un véhicule n'était pas douteuse, elle ressort des cercles en fer qui protégeaient les jantes des roues, trouvés encore debout, quoiqus brisés, dans deux cavités latérales, creusées en contre bas pour les recevoir. Les ferrures rencontrées avec ces cercles entraient évidemment dans la structure du char. Le harnachement des deux chevaux qui y étaient attelés est représenté par deux mors brisés et par plusieurs phalères de bronze de diverses formes découpées à jour, des boutons, des anneaux. L'agraffe ornée de deux animaux appartenait au ceinturon qui soutenait l'épée.

Si l'étude que nous avons faite de ces chars de guerre gaulois nous a conduit à proposer une restitution un peu différente de celle donnée par M. Morel, nous inclinons beaucoup à voir, avec cet archéologue, des souvenirs des expéditions de nos belliqueux ancêtres en Italie dans les deux objets dont il nous reste à dire quelques mots.

On a recueilli aux pieds du squelette une très-belle œnochoë en bronze à bec proéminent ; au-dessus et autour de l'embouchure l'anse se bifurque en deux petites branches terminées par une tête d'animal ; elle retombe sur la panse où elle s'attache par une expansion formée de spirales au-dessus d'une terminaison rayonnée. Le style de ce vase est incontestablement étrusque. A côté se trouvait une poterie peinte italo-grecque, une coupe à deux anses, fond noir, sur lequel ressort en rouge la figure d'un discobole.

Enfin une petite feuille d'or estampée que **M.** Morel pense avoir été appliquée sur l'œnochoë.

M. Fourdrignier, de Suippes, a reconstitué, telle qu'il l'avait relevée, sa belle découverte de Somme-Tourbe. Sous une grande vitrine, le visiteur peut voir, comme s'il assistait aux fouilles, la tombe d'un autre guerrier gaulois inhumé sur son char. Elle n'était pas moins riche que la précédente, il y avait même cela de particulier que la sépulture était double, un premier squelette ayant été d'abord trouvé, avec une épée en fer, au-dessus de le sépulture principale.

Les dispositions n'étaient pas non plus absolument les mêmes. Un squelette, indiquant un homme de haute taille, était il est vrai couché entre deux poches latérales dans lesquelles étaient enfouis les cercles des roues du char et les garnitures des moyeux en bronze ciselé. A ses côtés gisaient bien ses armes : son épée en fer, ses lances, ses javelots, son couteau et même sur ses genoux les débris écrasés d'un casque conique très-curieux, orné sur le timbre de gravures et de rondelles avec bouton central en corail. A ses pieds des phalères en fer repercé et un grand vase en terre rouge d'un beau galbe. Mais, c'est sur un talus en contre-haut du sol de la fosse qu'ont été ramassés d'abord une œnochoë, moins belle que celle de Somme-Bionne, et, vers l'extrèmité, deux mors en bronze, des anneaux, des boutons enrichis de corail et deux chaines auxquels sont suspendues d'élégantes pendeloques cruciformes à quatre branches à jour, également incrustées de corail. Ces colliers devaient orner la tête des chevaux et paraissent absolument inédits.

Des esprits sévères ont critiqué cette représentation d'une sépulture *in situ* offerte au public par M. Fourdrignier ; quand à nous, nous l'en félicitons grandement, et les visiteurs qui se pressent autour de sa vitrine sont certes de notre avis. Nous ne comprenons pas en quoi une exhibition, qui leur fait facilement saisir les choses qu'ils ont sous les yeux, a un caractère moins scientifique que les rayons d'une armoire.

M. Fourdrignier a un complément à cette exposition dans une vitrine qu'il partage avec M. Morel pour la céramique gauloise. Les spécimens peu nombreux qu'il a envoyés sont bien choisis. Nous citerons une grande urne sphérique de 0,30^c de haut, ornée de dessins géométriques, un beau vase à carène, un plus petit avec grecques ressortant en rouge sur fond noir brillant, et enfin une urne ovoïde à pied, d'aspect rouge mat, sur laquelle se déroulent des méandres avec larges feuilles d'un ton plus foncé et luisant. Ce vase *peint*, assez bien restauré, est une exception remarquable dans les poteries gauloises. M. Fourdrignier n'est pas non plus sans avoir mis en montre les diverses variétés d'objets en bronze, en fer, en ambre et en verre que nous avons déjà passés en revue et sur lesquels il nous permettra de ne pas revenir.

Nous terminerons notre examen des collections gauloises de la Champagne par quelques mots sur des cartons sur lesquels sont fixés les produits des fouilles pratiquées dans le cimetière de Charvais par le Dr Mougin, de la Société des Sciences et Arts de Vitry-le-François. Torques en bronze à torsade, autre torques ayant pour fermoir un petit disque avec un chaton de couleur rouge. Divers bracelets en bronze creux ou pleins, l'un formé de ronds ajourés. Fibules, boutons, grosses perles d'ambre enfilées dans un fil de bronze, bracelet en jayet.

Large poignard en fer, la poignée à antennes recourbées à l'intérieur en spirales, autre poignard dans une gaine en bronze. Anneaux de jambes en bronze creux finement ciselés ou à côtes, torques en fer, etc.

Si nous avions pu entrer dans plus de détails, nous eussions insisté sur bien des pièces en fer travaillé de ces collections, qui attestent le degré d'avancement de la métallurgie du fer à l'époque gauloise. Reperçage pour les jours, repoussé pour les reliefs, ne pouvaient s'opérer qu'avec l'emploi de burins, d'emporte-pièces, de limes en acier, et de matrices en fer d'une fabrication difficile.

Il y a toute une étude à faire, il suffira d'en signaler l'intérêt aux intelligents chercheurs que nous avons nommés pour qu'ils tiennent à résoudre les questions qu'elle soulève.

Sous l'influence de la domination Romaine, le génie Gaulois, sans perdre entièrement son originalité, ne tarda pas, avec la facilité d'assimilation propre à notre race, à puiser ses inspirations à une source étrangère. A ne considérer que la sculpture et la céramique, ses interprétations sont loin d'être toujours heureuses : rarement exemptes d'une certaine gaucherie, elles nous apparaissent trop souvent rudes et grossières.

Les bas reliefs en pierre répartis dans le vestibule de l'aile du Palais du Trocadéro, et dont nous avons décrit quelques'uns, ne relèvent pas l'intérêt historique qu'ils présentent par leur mérite d'exécution. Les figurines en terre cuite et les poteries Gallo-Romaines, exposées dans la galerie au-dessus, sont de pauvres productions en regard des statuettes et des vases peints de la Grèce qu'on admire dans leur voisinage.

Les représentations en bronze, recueillies en si grand nombre sur notre sol, constituent cependant en bien des cas des exceptions remarquables dans cette faiblesse générale de l'art, et décèlent des qualités de style et d'exécution incontestables.

Dans la salle que nous traversons, cinq statues entières attirent tout d'abord les regards : un Jupiter, Musée de Lyon ; un Jupiter et un Apollon, Musée d'Evreux ; un Hercule probablement, Musée de Bordeaux et enfin l'Apollon découvert à Vaupoisson (Aube) du Musée de Troyes. A ces œuvres importantes il conviendrait de joindre des bustes, des fragments, sans omettre aussi quelques figurines, pour relever le niveau de l'art Gallo-Romain.

Toutes ces représentations sont-elles l'œuvre d'artistes indigènes ? Il est permis d'hésiter sur cette attribution, alors surtout que Pline nous dit que c'était un Grec, Zénodore, qu'était l'auteur du Mercure colossal qui décorait la cité des Arvernes. La statue du Musée de Troyes est, au point de vue archéologique, un morceau de valeur, mais, elle ne demande pas à être étudiée trop sévèrement ; le modelé nous en semble indécis, mou, la tête a peu de caractère.

De quelques mains que soient sorties ces œuvres, il n'en est pas moins constant, que sous le rapport technique, les Gallo-Romains excellaient dans le traitement du métal, ainsi que le prouvent les bronzes de toutes sortes qui abondent dans la première salle de l'art ancien.

Nous ajouterons à l'actif du Musée de Troyes *l'œnochoë* de Pouan (Aube). Ce vase, placé dans une vitrine isolée qui renferme, entr'autres bronzes, ceux de M. Habert, de Reims, est connu pour être le premier de ces vaisseaux de style étrusque qui ait été trouvé en France. Deux autres ont été depuis exhumés de sépultures gauloises de la Marne ; inutile de rap-

peler les inductions qu'ont autorisées les découvertes d'antiquités étrusques au nord des Alpes. Sur le même rayon nous
avons remarqué, appartenant au collectionneur que nous
venons de nommer, une autre fort jolie *œnochoë*, mais de style
différent ; au lieu d'être munie d'un bec proéminent très caractéristique, elle est à embouchure trilobée : belle patine verte,
bleuâtre, comme sur beaucoup de bronzes grecs. Provenance,
Lusigny près de Troyes. A côté de ce vase, un petit personnage nu, assez médiocre, monté sur un soc, et un charmant
autel votif, d'environ 10 centimètres carré, orné sur une face
de deux bucrânes reliés par une guirlande, les angles surmon-
tés d'antéfixes. Le complément de l'envoi de M. Charles
Habert est placé sur la table à hauteur d'appui de la vitrine :
statuettes d'assez pauvre exécution, Hercule, Mercure, Vénus,
un buste de Bacchus ; la meilleure, un petit personnage à
tunique courte et flottante, tenant une patère, peut être tout
aussi bien un échanson qu'un *camillus*. Fibules en bronze
gravé trouvées dans les cimetières de l'Aube, ainsi que d'autres
fibules, ajourées, discoïdes, ou en lozange, agraffes et boutons
dont le métal est relevés par des mastics de couleur variée
jouant l'émail cloisonné. Des bijoux de forme annulaire, ayant
conservé des sertissures encastrant encore une matière blanchâtre qui semble être du corail décoloré, pourraient être pré-
romains. Il en est certainement ainsi pour deux disques composés d'une tige de bronze enroulée en sens invers ; sorte de
grande fibule. Une anse de vase se termine à chaque extrémité
par un col de cigne recourbé, passant dans un anneau que
surmontent des appliques figurant un oiseau les ailes déployées.
Divers menus objets, tels que des petites *ascia*, d'attribution
votive. Une passoire avec manche en col de cigne d'un travail
trop soigné pour un ustensile de cuisine, sans doute une pièce
de table comme le *colum nivarium*. Enfin, une écuelle également à manche, sur lequel est inscrit le nom DACCIVS, pièce
dont on ne peut faire une vulgaire casserole, mais plutôt un
vase servant au culte.

Quatre de ces derniers ustensiles, mais de plus grande
capacité, sont exposés dans la même vitrine par M. Julien
Gréau. Ils dénotent une fabrication bien outillée ; deux, ren-
versés intentionnellement sur eux-mêmes, montrent sur le
fond des cercles concentriques en relief d'une netteté d'arètes
et d'une régularité qui n'ont pu être obtenues que par l'emploi
du tour. Provenance Langres. Le manche d'un de ces vases

est chargé de sujets moulés: oiseaux, armes, fleurons; un dernier est décoré de têtes de satyres en relief accompagnées de rinceaux. Nous noterons encore au même antiquaire un bassin en bronze de 0,20 centimètres de diamètre, d'une sonorité exceptionnelle. Provenance Département de l'Yonne. Une grande *patella* ornée à l'extérieur de cercles et d'oves ; et enfin deux petites *scutella* (?) de forme ovallaire qui paraissent en argent doré, montrant sur le pourtour une suite de spirales gravées. Provenance Vienne.

Nous ne quitterons pas la première salle de l'art ancien sans jeter un dernier coup d'œil sur une armoire dans laquelle M. Morel, de Châlons, a réuni une série de verres antiques, qui ne viennent pas tous de sa contrée, à en juger par la rareté des indications. Nous n'avons guères vu d'étiquettes que pour deux bouteilles et une jolie burette à anse, provenant de Conflans, Marne. Un vase à verser curieux, affectant la forme d'un barillet, avec cercles figurés haut et bas et surmonté d'un goulot accosté d'une anse plate, aurait, d'après l'ancien catalogue de Reims, été trouvé dans cette ville et porterait sur le fond l'inscription CLEDIBVLLICI. Nous n'avons vu la pièce qu'en place. Un autre vase, une belle burette à anse et à fond plat a, suivant ce catalogue, été trouvée à Corbeil, (Seine-et-Oise).

Nous mentionnerons parmi les pièces dont nous ignorons l'origine : une grande urne cinéraire à côtes, montrant une belle irisation ; un vaisseau élevé à anses plates coudées et à long col au-dessus de la panse ; plusieurs gobelets coniques dont le plus grand est orné de côtes moulées en diagonales, des ampoules, des fioles dites lacrymatoires ; deux tasses forme de capsules ; enfin un biberon en verre.

La vitrine est complétée par un certain nombre d'objets en bronze parmi lesquels une petite œnochoë privée de son anse; deux figurines, un Mercure et une tête barbue surmontant un cippe priapique. Un chandelier bas, en forme de trépied ; une pointe dressée au centre du bassin laisse peu de doute sur sa destination en admettant la pièce intacte, laquelle alors serait assez curieuse et rare. Un casque en bronze, placé sur le dernier rayon et noté comme ayant été trouvé dans la Marne en 1873, nous donnait quelque doute sur son origine romaine en raison de sa forme insolite et du dessin au pointillé autour du timbre et sur le couvre-nuque: M. de Longpérier que nous avons consulté pense que cette attribution est plausible.

L'éminent Président de la Commission officielle nous excusera de faire intervenir ici son nom, mais ce n'est pas sans intention. Au cours de cet examen, nous avons par hasard jeté les yeux sur une petite montre à côté, bien modeste, qui, nous a-t-on dit, lui appartenait, la seule qu'il eût à l'Exposition. Or que contenait-elle : cinq haches en pierre polie? réponse péremptoire au dessein qu'on lui a prêté si bénévolement de frapper d'ostracisme l'âge de la pierre.

L'examen partiel que nous venons de passer des exhibitions Champenoises suffit, croyons-nous, pour faire apprécier le haut intérêt que soulève la première salle de l'histoire de l'art ancien, mais que d'éblouissements nous réserverait la grande galerie, si notre revue embrassait un champ moins limité? Borné comme nous le sommes dans notre tâche, ne devons-nous pas regretter de voir tant de noms, qui figuraient au catalogue de l'exposition rétrospective de Reims en 1876, manquer à l'appel. Nous ne comprenons pas cette abstention, et nous n'en félicitons que plus chaudement M. Morel, de Châlons, et M. Julien Gréau, de Troyes, qui continueront, presque seuls, à représenter les archéologues de leur région.

En nous en tenant à ces deux noms, nous donnerions une idée trop insuffisante des richesses que l'Archéologie classique a accumulées dans la partie de la galerie qui lui est consacrée. Nous ne pouvons moins faire que d'indiquer dans une rapide récapitulation le nom des principaux exposants et le caractère de leurs envois.

D'abord, en entrant à droite, une première vitrine renfermant des poteries, des terres cuites et d'autres objets Gallo-Romains. Sans parler de M. Morel sur lequel nous reviendrons, nous citerons les poteries du cimetière de Terre-Nègre du Musée de Bordeaux, les vases Samiens de M. Fabre, de Clermont, dont nous avions déjà remarqué quelques bronzes dans la salle précédente, les intéressantes figurines de l'Allier du Musée de Moulins et de MM. Esmonnot et Bertrand de cette ville, les jolis verres de Mᵐᵉ Soyer, de Saintes, le masque si curieux en fer repoussé trouvé à Clermont et appartenant à M. Grange. Nous tenons à noter encore le début d'un jeune archéologue dont le nom nous est particulièrement sympathique, M. Jéhan de Barthélemy : un beau bol Samien avec cette légende : « REMIS FELICITER » provenant de Banassac, Isère ; plus un petit chandellier de bronze en forme d'un double coquetier, recueilli dans les environs de Châlons-sur-Marne.

En suivant, belle vitrine de M. de Bammeville dans laquelle nous admirons la première exhibition de statuettes Grecques en terre cuite; on y distingue particulièrement un Silène, une charmante joueuse de balle et une vieille femme tenant un enfant. Vases peints, dont un cylix du v° siècle; marbres, bronzes, sculptures cypriotes.

Vient après la splendide collection de M. Carapanos, résultat des fouilles qu'il a fait pratiquer sur l'emplacement du célèbre temple de Jupiter Naïos à Dodone, en Epire. Il y a là tout un merveilleux ensemble de pièces en bronze du plus haut intérêt archéologique, notamment une série de plaques couvertes d'inscriptions au pointillé. Sans entrer dans plus de détails, nous mentionnerons toutefois dans la plastique une joueuse de double flûte de style archaïque, une Atalante et dans la sculpture un bas-relief en marbre:la dispute du trépied.

Collection de M. G. Bellon : vases peints, verres antiques; statuettes, dont une Déméter assise d'un modelage très réussi, une femme voilée, une Vénus anadyomène provenant de Smyrne. Un beau masque de vieillard.

Collection de Mme la comtesse Dzialinska : remarquable exposition de vases peints montrant les sujets les plus variés, quelques'uns avec des inscriptions.

Collection de MM. Hartmann et Dreyfus : vases peints et statuettes ; ces dernières, dont la coloration est bien vive pour être de bon aloi, sont logées dans des édicules en bois noir qui, loin de les faire valoir, exagèrent leur sveltesse.

Les vitrines de M. Paravey font retour et empiètent sur le côté gauche; aussi exhibent-elles une des plus importantes suites de vases peints, des iii° et iv° siècles, accompagnées de bronzes de choix et de charmantes statuettes.

MM. Rollin et Fuardent exposent ensuite de beaux bustes en bronze dans une vitrine qu'ils partagent avec M. Courajod, une tête en marbre, travail grec ; avec M. le baron de Hirsh, statuettes et vases. Cette armoire renferme un morceau d'une bien grande valeur si l'origine qu'on lui attribue était incontestable : une tête en marbre due au ciseau de Phidias, elle appartient à M. Etex. Plus authentique serait la tête de la statue de la Victoire aptère du fronton du Parthénon, statue dont le Musée Britannique possède le corps. Elevée sur un piédestal, elle occupe une place d'honneur dans la galerie. Ce morceau, sans rival s'il n'était restauré, est la propriété de Mme la marquise de Laborde.

La collection de M. E. Piot n'est pas nombreuse, mais l'excellence des choix dénote l'amateur de goût et d'expérience. Parmi les sculptures, nous citerons une tête d'Hercule d'un grand caractère, marbre grec Asiatique ; des têtes Cypriotes ; et dans les terres cuites, deux Démeter assises et voilées, une nourrice qui semble sortie du même moule qu'une figurine de M. de Bammeville, mais est retouchée dans un sentiment différent, **provenance Tanagra**, et une statuette de femme marchant en tenant son chapeau à la main, provenance Corinthe. Un carton, contenant des spécimens d'une céramique dont nous nous occupons, six jolis petits vases revêtus d'un d'un vernis vert ou brun plombifère, a particulièrement attiré notre attention. M. Piot est le premier qui ait, chez nous, recherché ces poteries vernissées dont on supposait la technique ignorée des anciens.

Dans le voisinage, nous voyons M. le baron de Witte avec des vases intéressants ; nous avions déjà remarqué de cet antiquaire, dans la salle précédente, une grande jarre, décorée d'ondulations, d'une époque très reculée, rapportée de Santorin. Deux têtes d'Athlètes, marbres archaïques d'Athènes, à MM. G. Rampin et Rayet ; des bronzes, terres cuites et figurines, à MM. de Liesville, Sorlin-Dorigny, F. Lenormant. A côté, une tête Phénicienne à M. Desbuissons et une tête Cypriote à M. de Vogué marquent avec les sculptures ci-dessus le développement progressif de l'art et les influences successives qu'il a subies.

Nous venons de nommer M. Olivier Rayet ; sa collection est d'autant plus méritante qu'elle a été formée en Grèce même par son possesseur, ancien pensionnaire de l'École d'Athènes. Bien des pièces sont exceptionnelles comme beauté et rareté ; telle que la provocante bacchante (?) vêtue d'une tunique et d'un himation rejeté en arrière laissant voir une nébride, statuette coloriée, bracelet et boucles d'oreilles dorés, qui n'a subi aucun repeint ; provenance Tanagra. Telle aussi la plaque de terre cuite estampée, venant d'Athènes, et retraçant une scène de funérailles dont les détails sont curieux.

M. Pulszki, conservateur du Musée de Budapest a bien voulu donner au Trocadéro la primeur d'une pièce trouvée au moment de l'ouverture de l'Exposition, à Polgardi, Hongrie : un élégant trépied en argent d'environ 75 centimètres de hauteur, d'un travail fort soigné. Près de lui, nous avons retrouvé la célèbre armure de gladiateur achetée anciennement

à la vente Pourtalès ; elle est accompagnée, comme indication
de l'usage de cet armement, d'un certain nombre de petites figures de gladiateurs d'une facture plus que médiocre ; quatre d'entr'elles ont été déposées par M. Julien Gréau. En revanche une
scène du cirque est ciselée avec un art bien délicat sur une toute
petite urne en argent avec les noms des combattants.

Nommons encore M. G. Lebreton, réunion de statuettes de
Tanagra, et M. Auguste Parent pour de beaux vaisseaux en
bronze, avant de passer à la dernière vitrine latérale de gauche,
dans laquelle M. Lécuyer a rassemblé la collection de terres
cuites la plus importante de toutes celles que nous avons
relevées. Parmi les figurines de Tanagra nous citerons, avec
un archéologue très compétent qui a bien voulu nous faire part
de ses appréciations : les groupes d'Aphrodite et Eros, de
Silène et Dyonisos ; celui de Démeter ramenant de l'Hades sa
fille Corée ; une jeune fille donnant à manger à une colombe,
une femme nue tenant une balle, un éphèbe portant la couronne
de feuillage destinée à rafraichir la tête, des acteurs comiques,
des grotesques, etc. De la fabrique d'Athènes, une charmante ba-
ladine nue passant dans un cerceau. De la fabrique d'Hermione
en Argolide, un grottesque très réussi. Dans les terres cuites
d'Asie-Mineure : Hercule et Omphale, bas-relief doré d'une
exécution pleine d'expression et une suite très complète de ces
petites têtes rapportées de Chypres, têtes dont on ne retrouve
pas les corps.

En dehors des armoires, que de belles pièces isolées ? Et la
statue drapée, malheureusement sans tête, marbre découvert à
Halicarnasse par feu M. de Breuvery, et le bas-relief athénien
de M. le comte Cossé-Brissac, et la jambe en bronze armée
d'une cnémide de M. Eugène Piot, etc. etc. Nous ne pouvons
rappeler, même au courant de la plume, toutes les montres
basses réparties dans la galerie : pour la numismatique, celles
des séries Romaines et Mérovingiennes de M. le vicomte de
Ponton d'Amécourt, des médailles contorniates de M. Charles
Robert, des monnaies des rois des Perses et des Parthes de
M. Hoffmann. Et les bijoux d'or de la Tauride de M. Jules
Lemmé, et les bas-reliefs assyriens sur plaque de métal de
M. G. Schlumberger, et enfin cette splendide montre dans
laquelle M. Dutuit a exposé, avec sa ciste de Palestrine, de
si beaux objets en bronze, des médaillers bien garnis et une
suite de rhytons de choix.

Cette dernière vitrine donne aussi l'hospitalité à M. Julien

Gréau, auquel nous devons, en sa qualité d'exposant de la Champagne, une mention plus détaillée. Il a disposé sur la table d'appui de nombreux ornements et ustensiles en bronze, mais sans désignation d'origine. Leurexamen dit assez qu'ils sont d'époques et de provenances bien différentes. Bracelets de bras et de jambes, fermés ou ouverts ; quelques'uns, dans ce dernier cas, terminés par des boules ou des têtes d'animaux ; les uns plats, mais la plupart concaves à l'intérieur et convexes à l'extérieur et ornés sur cette face de lignes en divers sens et de ronds, gravés au burin. Deux, revêtus d'une belle patine vert bleuâtre, sont contournés en torsade. La tige d'un plus grand est chargée de place en place de disques en relief, dans les creux desquels a été introduite une substance jaune et rouge. Une petite fibule est décorée dans le même goût. Un de ces bracelets, formé d'une suite d'anneaux fixes reliés par une courte tige à jour, porte au milieu une grosse boule entourée de cinq boutons. Une armille est faite d'une simple tige de métal dont les tours successifs protégeaient une partie du bras. Enfin des anneaux à grosses côtes, sont donnés comme ornements de jambe. Ces parures sont en majeure partie Gauloises et ont pu être recueillies dans la Champagne.

Un de ces anneaux, de forme ovale, offre cette particularité d'être percé de deux trous en regard, dans l'un desquels est passée une longue épingle. Pareil objet, mais muni de ses deux épingles figure dans une trouvaille faite près de Provins, exposée par M. Dunoyer, membre de l'Institut. C'était vraisemblablement un ornement de tête porté par une femme.

Les objets suivants sont Romains : diverses bagues, dont une porte sur le chaton en forme de *pelta* un nom gravé ; anse d'un récipient quelconque, elle est munie à chaque extrémité d'une garde ornée d'une tête de satyre ; petits flacons en bronze, l'un à godrons, a conservé une chaînette par laquelle on le portait suspendu, l'autre affecte la forme d'une mignonne œnochoë à anse et à embouchure trilobée.

Huit lampes de types divers d'une belle fabrication ; une est à suspension, ainsi que l'indiquent deux anneaux en col de cygne soudés sur le limbe, *lucerna pensilis ;* une autre fort curieuse a été fondue en forme de tête d'éléphant, la mèche sortait de la trompe. La plupart ont pour manipule une feuille de vigne et deux portent en outre sur l'opercule un couvercle à charnière moulé en tête de satyre. La plus précieuse est une petite lampe décorée d'incrustations en argent, travail qui rentrait dans l'art dit d'une façon générale, *cœlatura*. Après ces intéressants spécimens, inutile de parler de quelques lampes en terre placées à la suite. Parmi les menus objet ques nous avons négligés, et il y en a beaucoup, nous avons aperçu quelques balles de fronde en plomb ; l'une porte même des lettres en relief, il se peut qu'elle soit vraies, mais on sait de quelles falsifications les *glandes* ont été l'objet ?

Nous devons revenir également sur l'exposition de M. Morel, de Châlons, que nous n'avons fait que nommer, en débutant par la première vitrine renfermant les antiquités Gallo-Romaines.

Elle se compose de poteries monochromes, rouges, grises et blanchâtres, écuelles, plats et cruches sortis des sépultures Romaines de Poix, Conflans, Roufly dans la Marne. Leur aspect est triste au milieu des productions de la Céramique Grecque. Il ne faut cependant pas les dédaigner ; ces vases sont dûs d'abord à une industrie nationale , et ensuite, quoique façonnés dans un but d'utilité pratique, ils n'en montrent pas moins des profils assez purs qu'on retrouve communément dans les poteries de l'antiquité, même dans les plus vulgaires.

Sur le rayon où sont alignés les pots à verser, en général d'un assez joli galbe, nous avons remarqué une lagène, décorée sur la panse de méandres très simples tracés au pinceau en blanc sur fond rouge, au milieu desquels on lit les mots REPLE COPO DA. Une autre lagène à côté est également ornée de méandres, mais peints en noir sur fond rouge plus foncé et sans inscription. Les poteries, à devises bachiques, ne sont pas absolument rares, surtout les gobelets, la vitrine en renferme plusieurs, mais c'est encore une sorte d'objets sur laquelle s'exerce ce qu'on appelle le *trucage* et qu'il faut regarder de près. Dans les poteries blanches, une amphorisque, une belle urne cinéraire, une sorte d'aiguière et deux petits flacons, dits biberons, trouvés à Rheims, nous ont paru se détacher de l'ensemble.

Dans la fabrication dite samienne, nous voyons un grand bol d'un ton rouge sans vigueur et dont le décor en relief est empâté.

Nous appelons l'attention des personnes du métier sur une sorte de poteries très curieuse qu'on n'a encore rencontrée que dans les fouilles de la Marne. Ces poteries sont revêtues d'une couverte grise plus ou moins foncée qui a éprouvé au feu un

craquelage se traduisant en un réseau de mailles fines, comme
sur le craquelé Chinois. Cet effet a été d'abord un accident,
puis ensuite il a été cherché, ainsi qu'il appert d'un beau plat,
au milieu d'autres vases truités. Il est décoré de zônes grises
ton sur ton, les moins sombres laissant seules paraître les
tressaillures. Quant aux formes elles ne sortent pas des types
ordinaires Gallo-Romains.

L'Exposition de M. Morel reçoit un attrait en quelque sorte
imprévu de la présence d'une pièce exceptionnelle qu'il a eu
la bonne fortune d'acquérir au début de l'Exposition. Un bras
en bronze doré qui appartenait à une statue plus grande que
nature, et qui indique, par son modelé, une œuvre de valeur.
Ce débris a été extrait d'une puits à Reims ; il serait bien ex-
traordinaire qu'on ne parvint pas à retrouver d'autres fragments.

On a dû, pour les nécessités des installations, couper la
longue galerie du Trocadéro par des cloisons peu élevées et
largement ouvertes, de façon à former, non des salons dans
lesquels les objets fussent ressortis à leur plus grand avantage,
mais de simples travées. Ces séparations ont au moins permis
un certain classement par grandes époques.

La Champagne a été l'objet, dans la personne de M. Julien
Gréau, d'un honneur peu partagé : on a réservé à la collection
du riche antiquaire de Troyes une travée entière. Il est vrai
que c'est tout un Musée qu'envieraient bien des Chefs-lieux
de nos départements.

Comme dans les expositions dont nous avons passé une
rapide revue, les figurines Grecques en feront le principal
ornement ; elles seront pour nous, avant d'en commencer la
description [1], l'objet de quelques observations.

Ces terres cuites ont été une des plus vives attractions de
l'Exposition du Trocadéro. Celles de Tanagra ont fait leur
apparition dans le monde archéologique il y a peu d'années,
elles se répandirent, à la suite de fouilles régulières qui ne
commencèrent guère, dans cette ville de Béotie qu'en 1872
conquirent promptement la faveur des amateurs ; elles
tiennent aujourd'hui une place honorable dans nos Musées.

1. Nous remercions un de nos confrères à la société des Antiquaires de
France, M. O. Rayet, très versé dans l'antiquité Grecque, exposant lui-
même, et des indications qu'il a eu l'obligeance de nous donner, et de sa
communication du savant travail qu'il allait publier dans la Gazette des
beaux-arts et dont nous avons fait notre profit.

Leur nombreuse réunion à l'exposition a donc présenté peu d'imprévu à ceux qui fréquentent les collections publiques et privées, mais il n'en n'a pas été de même pour les visiteurs, pris en masse, auxquels elle a presque fait l'effet d'une révélation. Ils ont été, pour nous servir d'un terme d'atelier, empoignés par cette séduisante plastique. Bien moins accessible aux beautés des œuvres de l'antiquité qu'aux productions des temps rapprochés de lui, le public n'a pas vu sans étonnement et sans charme l'art Grec descendre des sommets Olympiens et se traduire à ses yeux sous un aspect moins sévère, presque familier. Il était admis que cet art, dont la statuaire est l'expression la plus générale, ne devait s'entrevoir qu'escorté de ses divinités et de ses héros de marbre, aux poses savamment harmonieuses, aux lignes pures et froides, aux traits impassibles, et voilà qu'apparaît, dans un réalisme qui n'excluepas le style, tout un monde, vivant presque de notre vie, réduit aux proportions de nos goûts, et même, ce qui n'a pas été étranger à son succès, à nos conditions d'étagères. Quelle liberté d'allures, quel naturel dans la démarche de ces jolies figurines, quelle coqueterie féminine dans les coiffures et les ajustements, quels délicieux minois, mais aussi quel sentiment dans les physionomies, quelle élégance dans les draperies, quelle distinction dans les attitudes.

Déesses ou simples mortelles, la question est pendante entre savants, il ne faut pas céder sans réserve à leur séduction. Ces faciles productions, que nous ne pouvons cependant pas regarder comme des ébauches, conservent des qualités inséparables de l'art Hellénique, mais ce n'est plus le grand art, et il ne faudrait pas que l'engouement dont on se prend pour elles, fit perdre de vue les éternels modèles du beau et du vrai. Ces terres cuites sont d'un mérite très inégal, il y en a qui n'en n'ont même aucun ; elles montrent dans certaines parties, les extrémités surtout, de la négligence, le modelé des nus laisse à désirer, mais en revanche les draperies sont traitées avec habilité, et c'est surtout par l'expression des visages qu'elles se distinguent. Cette expression qui n'est jamais la même sur deux sujets, alors même que les types se répètent, était due à des retouches délicates et spirituelles faites à l'ébauchoir sur l'argile au sortir du moule. L'artiste modifiait sa figure, lui ajoutait au besoin des accessoires et donnait ainsi une originalité très-vive à une fabrication banale ; banale en ce sens, que la quantité de statuettes entières ou en fragments recueillie dans les sépultures de Tanagra ne peut-être que le résultat d'une production industrielle.

Ces figurines si lestement retouchées ont un caractère plus primesautier que celles trouvées dans l'Asie-Mineure et dans l'île de Chypre et qui sont aussi fort recherchées des collectionneurs. Ces dernières, dont la terre n'est pas la même, sorties de moules plus soignés, ne laissent pas en général appercevoir les traces de l'ébauchoir, et, en dehors de leur exécution, puisent souvent leur intérêt dans les mythes qu'elles représentent.

Les statuettes de Tanagra sont habituellement réhaussées de couleurs. Nous ne sommes pas certain que les traces n'en aient point été souvent ravivées, de même qu'on a reconstitué des figurines entières avec des fragments divers. C'est une industrie très-habilement pratiquée à Athènes, où il se fait surtout commerce de ces antiquités.

Cette plastique qui, tout en étant d'un ordre secondaire dans l'art grecque, possède encore tant de qualités charmantes et parfois du style, était destinée à satisfaire, ne l'oublions pas, à des rites funéraires très-répandus, populaires sans doute. Supposons pour un instant que le dépôt dans les tombes de représentations en terre cuite soit en usage de nos jours, à quel niveau d'art s'élèverait cette céramique? vraisemblablement à celui que représentent les figures en plâtre colportées dans nos rues par les modeleurs piémontais !

Cette dernière digression en réponse à ceux qui, dans le monde industriel, taxent de convention le goût professé pour les productions de l'art antique.

La travée occupée par M. J. Gréau, est meublée de quatre larges armoires dressées contre les murs latéraux, d'une grande vitrine au milieu, de montres basses contre les cloisons, et pas une tablette qui ne soit garnie de plusieurs rangées d'objets, pas le moindre espace perdu. Profusion de richesses entraine-t-elle forcément à la confusion archéologique ? Nous n'aimons guères, dans les vitrines de gauche, ces quelques cartons chargés d'armes préhistoriques, ces bronzes d'origines différentes, ces antiquités·égyptiennes au milieu de la céramique et des terres cuites de la Gaule ; des poteries romaines confondues avec les vases et les figurines de l'Italie et de la Grèce. Sans compter, que dans la même salle, des objets du moyen-âge y cotoient des bas-reliefs assyriens et même des spécimens de l'âge de la pierre.

Après cette légère critique qu'excusera M. J. Gréau qui nous a fait lui-même les honneurs de son exposition, nous n'avons plus qu'à signaler, au milieu de tant de choses qui ont captivé notre attention, celles qui nous ont paru les plus remarquables.

Dans la première vitrine consacrée en majeure partie aux poteries :

Lagène à panse cylindrique surmontée d'un goulot élevé accosté d'une anse ; fabrication dite samienne, glaçure d'un beau rouge corail. Les pots à verser sont peu communs dans ce genre de céramique ; ce vase, ainsi qu'une amphorisque pyriforme, paraît-être un produit de l'industrie Arétine.

Vase peint Italo-grec ; figures rouges sur fond noir, forme cylindrique orné de têtes en applique au-dessus des anses ; et surmonté d'une petite urne décorée de chouettes.

Rhyton représentant une tête de nègre.

Guttus à panse discoïde, joli décor en relief.

Lécythus Athénien, deux figures au trait en rouge sur engobe blanc lustré. Dessin presqu'effacé.

Deux œnochoës à ouverture trilobée, montrant, peint sur l'engobe blanc, un génie ailé.

Elégant canthare, même genre de fabrication ; peinture, tête coiffée du bonnet phrygien.

Grand vase, haut^r 0,60, extrêmement curieux. Il est décoré de figurines modelées en ronde bosse attachées sur le haut de la panse avant la cuisson : une divinité marine, Scylla?, flanquée de deux néréides agenouillées sur des mascarons grotesques; chaque anse s'appuie également sur des mascarons et est surmontée d'une tête de lion. A côté, un autre ouvrage en terre cuite nous parait-être le couvercle d'un vase du même genre. De forme pyramidale, supporté à la base par une belle tête de femme, au-dessus de laquelle se tient debout une femme drapée, appuyée contre une grande anse. Ces poteries proviennent de l'Italie méridionale, ainsi qu'une vasque munie de deux anses, d'un couvercle conique et décorée d'ornements en fort relief. Cette céramique de la Grande-Grèce puise surtout son intérêt dans l'originalité de ses compositions et aussi dans l'importance des pièces qui dénotent des potiers très-habiles, mais la profusion des figures, quoique d'une exécution assez satisfaisante, trahit une époque où le goût déclinait.

Lagène à anse en terre rosâtre ; le goulot au-dessus de la

panse est accosté de deux petites figurines, une troisième, appliquée plus bas, tient un petit vase faisant l'office de gargoulette. Provenance Chypre.

Deux coupes en forme de calottes, décorées de dessins délicats en relief dans le genre Samien, l'une d'aspect noir, l'autre d'aspect rouge. Nous les supposons d'origine italienne.

Deux lampes en terre, du type ordinaire, sont cependant à noter en ce qu'elles sont revêtues d'un vernis vert plombifère ; il en est de même pour un manche de patère et peut-être aussi pour une applique de vase, une femme drapée, dont la couverte se rapprocherait d'une terre émaillée.

La plastique proprement dite est plus particulièrement représentée dans cette première armoire par les pièces suivantes :

Beau buste d'homme, barbe et cheveux tire bouchonnés, portant une couronne de lys rouge. Chypre, dernière époque. Tête de lion très-énergique, applique d'architecture, trouvée au Pirée.

Idoles chyprioles primitives, Astartés phœniciennes; le corps en gaine plate surmontée d'une tête coiffée du *polos*, les bras indiqués par deux courts appendices.

Figure archaïque tenant une lyre ; elle serait très-intéressante si, comme il est supposable, elle représente Hésiode, et surtout si elle provient de Thespis où le poète avait un temple.

Apollon Citharède, morceau archaïque de Delion en Béotie du vi^e siècle avant J.-C.

Femme drapée, Corée? d'un bon style ; terre rosâtre sous engobe blanc. Athènes.

Nous ne citerons que ces terres cuites, les autres vitrines étant sous ce rapport plus richement dotées.

Parmi les bronzes, peu nombreux du reste, deux statuettes d'un travail médiocre mais curieuses : Aphrodite chypriote, sous le nom de Bérénice, et Baaltis-Dioné drapée à la grecque et coiffée d'un oiseau aux aileséployées. Provenance Syrie.

Nous négligerons un certain nombre de figurines égyptiennes en terre émaillée et en bronze, ainsi que diverses autres menues antiquités dont les détails nous mèneraient trop loin et dont aucune ne nous a particulièrement frappé.

La seconde armoire à côté abonde en figurines grecques, nous en avons compté plus de soixante, parmi lesquelles plusieurs forment des groupes charmants.

Vénus et l'amour, la déesse d'une jolie expression est d'un faire très-supérieur à celui de l'enfant posé après coup.

Scène érotique, un jeune homme assis auprès d'une femme, le bras passé autour de la taille ; il était impossible de rendre avec un goût plus délicat l'expression des visages.

Une liseuse assise, charmante comme naturel et finesse.

Femme appuyée sur un cippe, tenant une pomme ou une balle, la draperie laisse les épaules à découvert. Réhauts de couleur : les chairs légèrement teintées de rose, cheveux blonds, manteau rosâtre avec bordure noire. Les proportions ne sont pas irréprochables, mais l'ensemble est d'un bel effet.

Femme à demi voilée dans sa *calyptra* qui a conservé des restes authentiques de dorure, le bas du vêtement est peint en bleu. Cette statuette qui, paraitrait-il, a été reconstituée, n'en est pas moins une des plus belles de la collection. La répétition fréquente de figurines, dont le bas du visage est discrètement caché, montre que dans l'antiquité les femmes grecques, de même qu'actuellement les femmes turques, ne se montraient pas en public à visage découvert.

Femme drapée et coiffée de la *tholia*, chapeau pointu à large bord, posé coquètement sur le sommet de la tête pour garantir du soleil.

Nous ne pourrions, sans nous répéter trop souvent, continuer, même en faisant un choix, la description des figurines de Tanagra qui peuplent cette armoire. Nous allons retrouver d'ailleurs d'autres spécimens, que sans doute le possesseur considère comme plus intéressants, puisqu'il les a logés dans la vitrine d'honneur, au milieu de la salle.

Nous mentionnerons cependant encore un Eros couronné de fleurs, figure médiocre, boursouflée, provenant de Thespie, une Vénus à la colombe, etc. ; et pour mémoire, des terres cuites gallo-romaines : Vénus anadyomènes, Déesses-mères, des poupées articulées, voire un moule avec décor en creux pour vases samiens et des poteries d'un effet disparate dans un pareil milieu.

Avant d'aborder la vitrine en question, nous nous arrêterons devant un morceau de beaucoup de valeur, une tête de faune placée sous verre sur un socle isolé. Cette terre cuite d'un modelé très-habile, d'une grande franchise d'expression a soulevé des appréciations diverses. Est-elle antique, est-ce une œuvre de la Renaissance ? M. Julien Gréau l'indique comme provenant de Smyrne; elle vaut la peine de rechercher dans quelle condition elle a été trouvée. La présence d'une statue du xvi° siècle dans une ville Turque est peu probable, d'un autre côté la cassure du cou laisse voir une terre lie de vin, très-dense, qui a pris à la cuisson une dureté qui ne se rencontre pas ordinairement dans la céramique antique.

La grande vitrine étagère du milieu de la travée contient, avons-nous dit, les pièces de choix ; nous leur devons, sans les énumérer toutes, des citations plus nombreuses. Les indications d'origines étant peu précises et faisant souvent défaut, nous les avons en partie complétées d'après l'aspect des pièces.

Chypre. Déesse assise sur ses talons, *Astarté-Anat*, caractère archaïque du visage. Sorte de petit flacon.

Travail grec, pendant et après l'époque *macédonienne*. Esculape, moulage délicat. Danseuse ou prêtresse, la tête manque, mais le mouvement du corps sous la draperie qui l'enveloppe est bien senti. Aphrodite et autres divinités, têtes de femmes fort jolies, coiffées de la *cidaris*. Sphinx coiffé de la tiare, figure très-fine. Un acteur comique portant une couronne. Une tête de cheval donnant avec précision les détails du harnachement. Nombreuses têtes cassées qu'on trouve habituellement telles quelles dans les tombeaux et qui nous montrent la fantaisie artistique, au milieu d'œuvres de caractère, descendant jusqu'à la caricature.

Tarse, Cilicie. L'art de l'Asie mineure parvenu à son épanouissement est postérieur à celui de Tanagra, et survit pendant plusieurs siècles ; il est moins original, moins libre, plus correct. Nous ne connaissons aucune figurine nue dont les formes soient plus pures, mieux étudiées que celles de l'Aphrodite du Louvre, le meilleur morceau que nous ait laissé la fabrique de Tarse et dans lequel un savant archéologue reconnaît le style de l'école de Lysippe [1].

La vitrine de M. J. Gréau contient quelques beaux spécimens de cette céramique toujours rares dans les collections.

Divers torses d'hommes d'un modelé énergique. Un Hercule bachique et solaire ; une des épreuves les mieux venues de

1. M. Léon Heuzey. Les fragments de Tarse. Gazette des Beaux-Arts, 1876. Le même auteur fait paraître en ce moment un fort bel Album reproduisant par la gravure les terres cuites les plus remarquables du Musée du Louvre. Un texte explicatif suivra la publication des planches, la plume d'où il émanera est un sûr garant du haut intérêt qu'il offrira. — Éditeurs, veuve Morel et Cie.

cette représentation. Tête de Jupiter d'un beau caractère. Une tête de femme également digne d'être citée. Une petite poupée articulée.

Smyrne. Vénus anadyomène, pose gracieuse, formes délicates mais un peu rondes. Eros appuyé sur un cippe, jolie reproduction supposable d'un marbre. Cybèle assise tenant une patère. Nymphe rappelant un sujet souvent traité. Femme tirant une épine de son pied. Eros au dauphin. Artémis avec le cerf à ses pieds, sujet familier à la statuaire. Dans ce groupe de petites figurines en terre rosâtre, où dominent les Vénus, plusieurs ont conservé des restes de dorure. Enfin un Mars assez médiocre de l'époque romaine et un Eros tirant de l'arc ; terres cuites dorées.

Pergame. Charmant petit groupe de deux jeunes femmes mi-voilées, l'une vêtue d'un manteau teinté en rose est assise sur les genoux de la seconde enveloppée dans un manteau teinté en bleu. Malgré la réduction de ces mignones figurines, les têtes sont traitées avec une délicatesse d'expression remarquable. Autre groupe peint, Eros ailé combattant un lion attaqué par un chien.

Sous la rubrique « Fouilles d'*Asie Mineure* » une série curieuse de moules de figures, d'ornements pour appliques, de lampes, etc.

Tanagra. Cette localité célèbre fournit pour les terres cuites le complément de la vitrine.

Joueuse d'osselets, les chairs et les cheveux légèrement coloriés. Ephèbe assis coiffé du *pétase*. Enfant nu et drapé. Une canéphore. Diverses petites figurines de femmes assises, l'une d'une expression très-fine, tient le sac contenant les jouets, la poitrine découverte est teintée en couleur de chair, les cheveux en roux. Une jolie statuette, à côté, montre un exemple de repeint maladroit ; le manteau est coloré avec du bleu de prusse, substance inconnue des anciens. Une fileuse assise paraît également avoir été repeinte. Une délicieuse bacchante, portant la nébride, est couverte d'un manteau bleu dont la couleur est authentique.

Une des meilleures figures est une toute petite danseuse aux draperies flottantes, dont le mouvement est plein de grâce et de vérité.

Comme exemples de réalisme sans trivialité, nous noterons une vieille nourrice tenant un enfant, et surtout un Silène assis à côté de son outre à moitié vidée. Le modelé du corps, l'expression du visage, dénotent chez l'artiste un véritable talent d'observation et de faire.

Nous signalerons pour terminer, parmi de charmantes statuettes de femmes, une Déméter à la recherche de sa fille ; cette désignation pour la satisfaction des savants qui donnent une interprétation mythologique aux personnages féminins se voilant le bas du visage dans leur *himation*. Une autre femme fièrement campée la main sur la hanche a un caractère de statue, tandis qu'une dernière, tenant un éventail, esquissant un sourire plein de finesse est d'un aspect plus familier. Comme curiosité, une grande poupée articulée complète, accompagnée d'une plus petite, dont la tête est serrée dans une sorte de coiffure jaune, *mitrion*, qui se voit couramment sur les vases peints.

La riche vitrine centrale se distingue, en outre des terres cuites que nous venons de passer en revue, par des bronzes remarquables.

Junon, ou plus vraisemblablement l'Aphrodite Dorienne, statuette d'un style très-pur, citée comme un des plus beaux petits bronzes connus ; elle est revêtue du *peplos*, la tête ceinte d'une couronne, les pieds chaussés de sandales. Hauteur 0,12, belle patine. Provenance, Athènes.

Bacchus jeune, le torse seulement, œuvre du beau tems de l'art. Provenance, Patras. Une autre représentation de ce Dieu, moins méritante.

Mars appuyé sur sa haste, beau style, belle patine verte.

Guerrier en costume militaire greco-macédonien avec la cuirasse reproduisant les formes du corps, la tête barbue et casquée d'un beau caractère, les jambes armées de cnémides. Statuette très-intéressante comme art et travail du métal, on y remarque des restes d'une damasquinure en argent. Hauteur, 015. Provenance, Trieste.

Silène ventru portant une amphore.

Un Apollon en argent massif, bon modelé. Provenance Laodicée.

Une Vénus en bronz argenté. Provenance Grèce.

Une fort belle tête d'Athéné casquée.

Ces diverses figures révèlent en général l'art du III⁰ siècle. Une statuette de Diane, de temps bien postérieurs, d'une exécution assez soignée quoique sans réelle valeur d'art, est encore à citer parcequ'elle a été trouvée dans le département de l'Aube.

Enfin un objet fort curieux, Vénus et l'amour, qui paraît une sculpture en jayet ou en bois et qui a été dorée ; mais de quelle époque ?

La plastique grecque joue un rôle assez prépondérant dans l'exposition de l'art antique, qui, à notre avis, lui doit pour une notable partie la popularité de son succès, pour que nous ayons cru devoir, dans notre examen de la collection de M. J. Gréau, nous étendre longuement sur ses productions. Nous devrons, pour ne pas exagérer les proportions de ce compte-rendu, d'abord ne pas nous arrêter plus longtemps devant la vitrine centrale, et ensuite passer rapidement devant les deux grandes armoires latérales du côté droit, dans lesquelles se trouvent accumulés par centaines des objets d'art et des usten-siles en bronze, étrusques, grecs, romains et gallo-romains.

Il nous a semblé aussi, qu'après le choix qui avait été fait pour la vitrine précédente, le contenu de ces armoires était surtout remarquable par son ensemble ; que les objets curieux à divers titres n'y faisaient pas défaut, mais que les pièces d'une valeur exceptionnelle y étaient très-clair semées.C'est donc un peu au hazard que nous citerons parmi les antiquités étrusques :

Des anses et des appliques de cystes ornées de figures de divinités et d'animaux en ronde bosse ; un mors de cheval dont les anneaux pour les brides sont décorés d'après le même système. L'anse d'un vase de Prœneste. Un miroir archaïque, indiqué comme provenant de Mégare et étant de l'époque d'Alexandre. Nous ne sommes pas de l'avis de l'exposant sur cette pièce fort intéressante qui nous paraît remonter à un temps bien antérieur. Le disque, sur le contour duquel sont fixés des petits animaux, chien, lièvre, coq, ainsi que des gé-nies ailés, a pour manche une figure d'Aphrodite d'ancien style.

Un trépied, une grande casserole, des flacons façonnés en tête de femme, (au moins un, celui qui porte une inscription en lettres grecques rétrogades), sont encore dus au travail étrusque.

Les statuettes de 0,10 à 0,20 de hauteur sont assez commu-nes sur les rayons : Hercule et Télèpe sous un édicule, un ca-valier, Mercure répété plusieurs fois, un Bacchus trouvé dans la Saône, près de Mâcon et un Neptune, la meilleure pièce, retirée de la Moselle à Metz en 1746 ; Mars casqué, des Vénus et enfin d'autres personnages que nous ne pouvons énumé-

rer parmi lesquels un petit buste d'Alexandre, provenant de
Pompeï. A toutes ces figures en général de travail romain, nous
préférons un lion et surtout un taureau en demi relief appliqué
sur marbre jaune. L'animal est bien étudié et son mouvement
plein de furie. Un sanglier à côté est d'une exécution très-soi-
gnée. Un vase, étiqueté vase vendangeur, en raison du personnage drapé et couronné de pampres, accroupi sur une
oùtre, qui le décore, est à remarquer d'autant plus que c'est
encore une antiquité nationale; il provient de *Cluny*, Saône-et-
Loire.

Notons comme étude bien observée un pugiliste romain,
deux lutteurs, et dans un autre genre, un petit nain gro-
tesque.

Parmi les ustensiles de toute sorte, que mentionner particulièrement ? Une très-jolie *phiale* à ombilic ornée d'un mascaron ; une lampe à suspension curieuse: une panthère tenant le
myxus dans sa gueule; une roue de char, moyeu et rayons, revêtue de cette patine verte bleuâtre d'un si bel effet; un magni-
fique ascos, dont l'anse double à volute s'attache sur la panse
par un mascaron palmé ; des passoires dont les mille trous
forment des dessius ; des œnochoës diverses. Parmi les vases
de cette dernière sorte, nous en avons remarqué un fort élégant, à godrons, orné de bandeaux circulaires chargés de détails finement ciselés ; il est placé discrètement en second
plan, est-ce par ce qu'il est d'une antiquité douteuse, ou,
qu'œuvre de la Renaissance, il soit un exemple de la confusion
dont nous avons dit deux mots au début ?

Une collection, aussi complète que celle de M. J. Gréau, doit
compter de beaux marbres. Aussi admire-t-on en entrant,
dans la salle à gauche, un morceau qui révèle un ciseau exercé et une bonne époque de l'art : une tête d'Esculape ceinte
d'un diadème, aux traits calmes et purs. Provenance, Athènes. Des stèles sur lesquelles sont représentées des scènes
funéraires et d'autres bas-reliefs. Dans les armoires des bron
zes, deux têtes de femmes venant de Smyrne et une tête de
vieillard barbue d'une très bonne facture (Athènes). Nous ne
parlons pas de quelques sculptures de la Renaissance qui
toute remarquables qu'elles soient restent en dehors de notre
travail.

Nous ne pouvons non plus détailler comme elle le mériterait
la très intéressante collection de verres antiques recueillis en

Gaule, en Italie, à Chypre, en Syrie, etc., exposée dans deux montres en regard l'une de l'autre.

La première à gauche est la plus curieuse, quoiqu'en fait de pièces entières, elle ne renferme que ces petites ampoules fusiformes ou ovoïdes bien connues, couvertes de dessins en zig-zags jaunes et blancs sur fond bleu foncé ; mais elle contient tout un assortiment de petits tessons qui nous prouvent, au point de vue technique, à quelle perfection était parvenue l'industrie du verrier chez les anciens. Merveilleuse imitation des gemmes, surtout des agates rubanées ; application délicate de dessins en pâte de verre blanche opaque sur fond bleu. Dans cette fabrication, nous ne pouvons ne pas mentionner un petit tesson bien curieux, sur lequel est représenté un bouclier gaulois identique à ceux figurés dans les trophés de l'arc de triomphe d'Orange. Bouclier oval, muni de l'umbo central, orné des croissants et des sangliers caractéristiques : pâte blanche opaque sur fond bleu transparent. Un autre petit tesson présente deux zônes d'ornements palmés d'une grande délicatesse, en **cinq** ou six couleurs sur fond blanc.

Nous n'entrerons pas dans plus de détails sur cette première montre ; la vue seule de ces nombreux échantillons de pâte de verre blanc, opaque, laiteux, sur fond de couleur imitant les camés, de ces rouges sanguins, de ces bleus d'un ton si intense, de ces verts, de ces jaspés, etc., peut donner une idée des ressources que l'antiquité savait mettre en œuvre dans la fabrication du verre ainsi que des emplois multiples qu'elle donnait à cette matière,

Au milieu de tous ces échantillons, si curieux au point de vue de la connaissance et de l'application par les anciens de la chimie industrielle, nous signalerons dans un autre ordre, un fond de vase doré, orné d'un sujet chrétien, et surtout un tesson sur lequel un personnage a été gravé à la meule. Les anciens, habiles à mouler les pâtes de verre, n'ont laissé que de très-rares exemples de verres sur lesquels l'action de la meule est indubitable et encore ces pièces ne remontent-elles pas bien haut. L'extrème légèreté des verres antiques ne permettait pas un genre de travail dans lequel les anciens ont excellé dans leur glyptique.

Une fort belle pièce, du moins comme dimension, n'a pu prendre place dans la montre basse en regard de celle que nous venons d'examiner, elle figure sur un des rayons du haut de la première armoire de gauche. Une grande coupe en verre jaune à pied. Il faut pour qu'elle ait été placée si peu en vue qu'elle soit en bien mauvais état. Au milieu des verres d'un très-bon choix qui garnissent la 2ᵉ montre, nous avons distingué deux coupes en forme de calottes hémisphériques, à côtes. l'une imitant l'agate rubanée blanche et violette, l'autre, alternée de bleu de vert et de jaune ; une jolie aiguière en verre blanc ; un gobelet en verre noir opaque ; un beau plateau en verre blanc azuré ; une soucoupe à bords ondulés en verre brun avec marbrures noires, etc., etc.

Si étendu que soit l'examen que nous venons de passer des collections de M. Julien Gréau, que le lecteur ne suppose pas avoir eu un catalogue sous les yeux ; nous n'avons parlé que des objets qui ont le plus attiré notre attention dans la travée qu'il occupe, et que de choses intéressantes nous avons dû passer sous silence pour rester dans les limites d'un article de *Revue ?* Nous avons donc rigoureusement laissé de côté tout ce qui ne concernait pas l'art antique ; mais il nous sera permis, avant de quitter cet archéologue distingué, d'insister sur ce point, que son goût de collectionneur ne néglige aucune époque et que, si l'antiquité a ses prédilections, nous avons eu l'occasion, en suivant la galerie du Trocadéro, de rencontrer son nom plusieurs fois encore.

Le Moyen-Age, même à son début, ne rentre pas non plus strictement dans notre cadre, nous ferons cependant une courte excursion sur son terrain, à la suite d'un autre collectionneur, M. Morel, de Châlons, dont le nom nous est bien connu. Et puis, les objets de l'époque mérovingienne qu'il a exposés ont le mérite d'être uniquement sortis des cimetières de la Champagne, St-Loup, Verpillière, Breban.

Arrivé à la fin de notre travail, nous avons encore moins à traiter de l'art importé dans l'Europe Occidentale par les peuples, dits barbares, qui s'établirent dans l'Empire romain à partir du vᵉ siècle. Il y a toute une étude à faire sur l'origine de cet art curieux, ses ramifications, les influences qu'il a subies. Il n'est en général représenté que par des objets en métal, parmi lesquels, sans compter les armes, ceux en fer travaillé avec une grande habileté tiennent une place importante. Nous voulons faire remarquer, dès maintenant, que les fouilles nous montrent ces Germains succédant après de longs siècles sous le sol de la Champagne à d'autres envahisseurs, les Gaulois, dont on suit archéologiquement les traces bien au-delà de la rive droite du Rhin, et dont les sépultures nous prouvent également l'habileté dans le travail du fer. Cette métallurgie, que les découvertes des époques classiques ne font reconnaître nulle part, ni aussi développée, ni pratiquée avec la même dextérité, était-elle restée, dans certains pays, une tradition industrielle, dont il est donné à la Champagne de nous faire connaître les deux termes ? Poser cette question, c'est appeler des objections que nous nous sommes faites à nous-mêmes ; aussi ne la préjugeons-nous pas sur des indices à peine entrevus; ne faisant pas profession de *cette science nouvelle*, qui née d'hier, dit un auteur, impose déjà ses solutions.

Les antiquités mérovingiennes de M. Morel figurent, fixées sur des cartons, dans une grande armoire à droite en sortant de la salle occupée par M. J. Gréau. Sur le premier nous voyons des armes en fer très-caractéristiques de l'époque, scramasax, francisques, angons, fers de lances larges en forme de lozanges, pointes de flèches dont une à ailerons, forces et couteaux ; des umbos de boucliers d'un genre particulier, l'un est encore garni des clous en bronze qui le fixaient au bois et a conservé son manipule.

Sur un second carton, ces lourdes agrafes avec plaque et contre-plaque en bronze ou en fer, ciselées et gravées, dont le travail de damasquinure, métal sur métal, est si curieux et dénote une industrie consommée. Les incrustations sont en général en argent refoulé au mattoir, elles forment un ornementation très-variée dans laquelle dominent les réseaux, les entrelacs, etc. Détail caractéristique, ces plaques et contre-plaques dont quelques-unes développent : avec la boucle, plus de 0,30, sont presque toutes munies de clous formant de gros cabochons sur la face en vue. Un petit nombre de pièces en bronze montrent par exception, dans l'ornementation, un dragon enroulé qui peut être une réminiscence scandinave ? Les emblêmes chrétiens sont rares. Quelques agraffes, bronze ou fer sont plaquées en argent. Les simples boucles sont assez communes et travaillées dans le même goût. Citons encore, avec les rouelles en bronze ciselé, deux de ces grands peignes en os qui ont une signification historique.

Un carton plus riche semble représenter une sépulture de femme (Bréban), il est surtout chargé de bijoux. Fibules en bronze doré, la tige plate est terminée par un demi disque sur le pourtour duquel sont sertis des grenats ou des verroteries rouges. Deux boutons offrent le même travail. Deux pendants